AF187464

Impressum
Verlag: BABADADA GmbH, Nedderfeld 112 , 22529 Hamburg
Geschäftsführer / Verlagsleitung: Harald Hof
Druck: Books on Demand GmbH, In de Tarpen 42, 22848 Norderstedt

Imprint
Publisher; BABADADA GmbH, Neddorfold 112 , 22529 Hamburg, Germany
Managing Director / Publishing direction: Harald Hof
Print: Books on Demand GmbH, In de Tarpen 42, 22848 Norderstedt, Germany

escuela

school

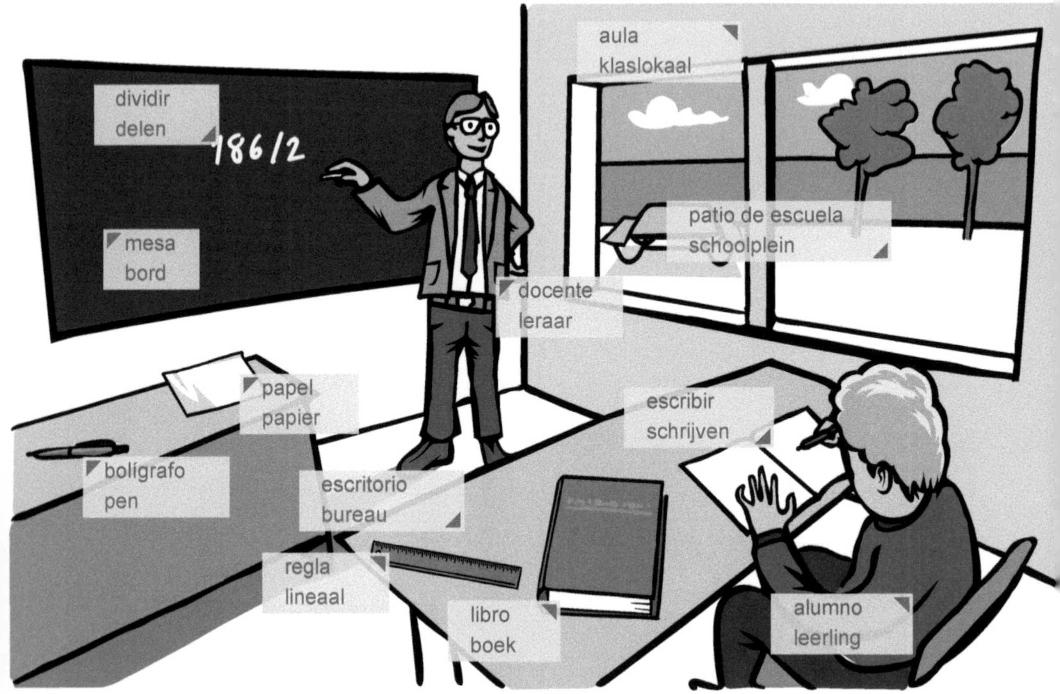
aula
klaslokaal
dividir
delen
186/2
mesa
bord
patio de escuela
schoolplein
docente
leraar
papel
papier
escribir
schrijven
bolígrafo
pen
escritorio
bureau
regla
lineaal
libro
boek
alumno
leerling

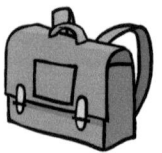

mochila escolar

schooltas

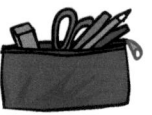

caja de lápices

etui

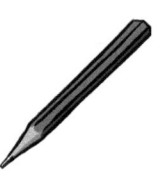

lápiz

potlood

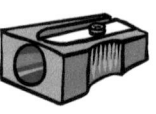

sacapuntas

puntenslijper

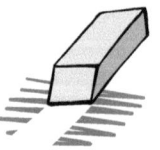

goma de borrar

gum

bloc de dibujo

schetsblok

dibujo
tekening

pincel
penseel

caja de pinturas
verfdoos

tijera
schaar

pegamento
lijm

libro de ejercicios
schrift

tarea
huiswerk

número
getal

sumar
optellen

restar
aftrekken

multiplicar
vermenigvuldigen

calcular
rekenen

letra
letter

alfabeto
alfabet

palabra
woord

texto
tekst

leer
lezen

tiza
krijt

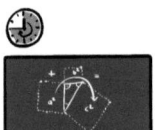

lección
les

libro de clase
klassenboek

examen
examen

certificado
diploma

uniforme escolar
schooluniform

educación
opleiding

enciclopedia
encyclopedie

universidad
universiteit

microscopio
microscoop

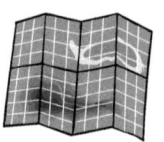

mapa
kaart

cesto de papeles
prullenmand

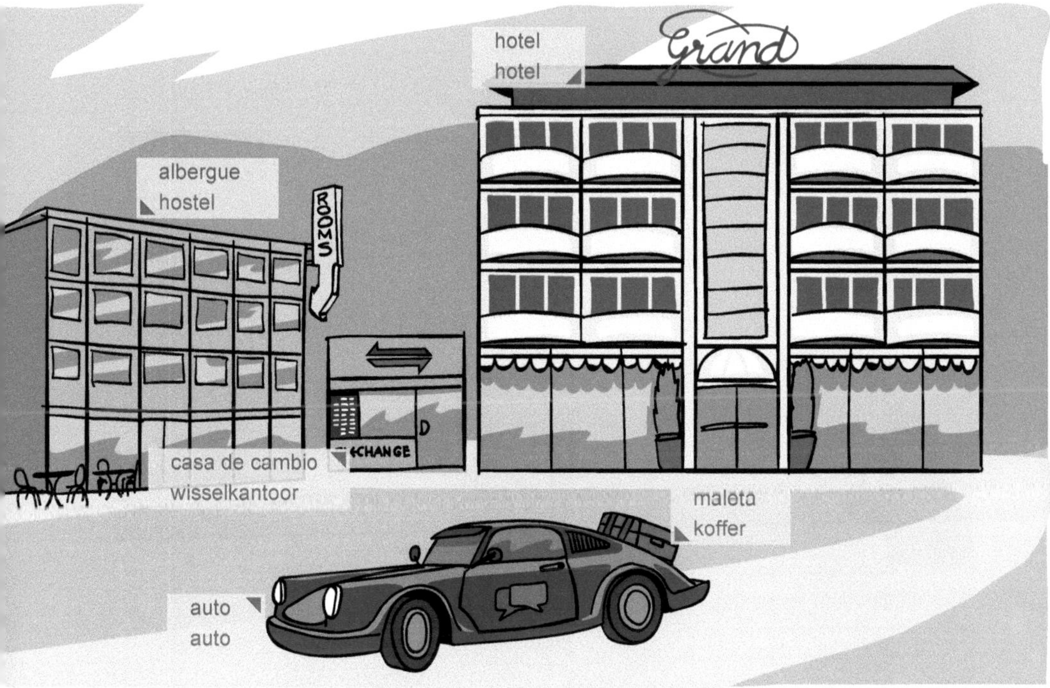

hotel
hotel
Grand
albergue
hostel
ROOMS
EXCHANGE
casa de cambio
wisselkantoor
maleta
koffer
auto
auto

idioma

taal

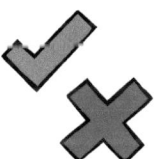

sí / no

ja / nee

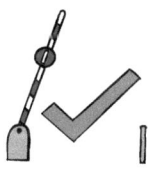

ok

oké

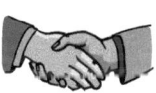

hola

Hallo!

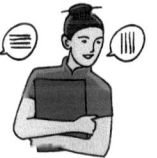

intérprete

tolk

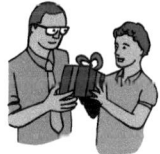

gracias

Bedankt.

¿Cuánto cuesta…?

Wat kost …?

No entiendo

Ik begrijp het niet.

problema

probleem

¡Buenas tardes!

Goedenavond!

¡Buenos días!

Goedemorgen!

¡Buenas noches!

Goedenacht!

adiós

Tot ziens!

dirección

richting

equipaje

bagage

bolso

tas

mochila

rugzak

invitado

gast

cuarto

kamer

saco de dormir

slaapzak

tienda de campaña

tent

información al turista

VVV-kantoor

playa

strand

tarjeta de crédito

creditkaart

desayuno

ontbijt

almuerzo

lunch

cena

diner

pasaje

kaartje

ascensor

lift

sello

postzegel

límite

grens

aduana

douane

embajada

ambassade

visa

visum

pasaporte

paspoort

transporte

transport

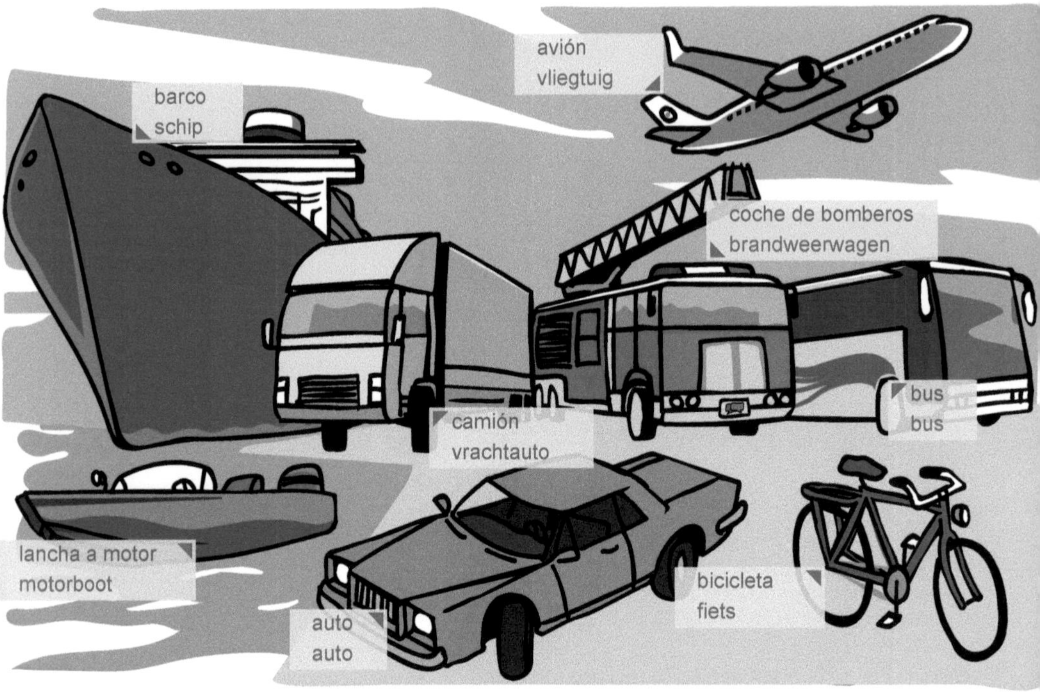

avión
vliegtuig
barco
schip
coche de bomberos
brandweerwagen
bus
bus
camión
vrachtauto
lancha a motor
motorboot
bicicleta
fiets
auto
auto

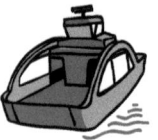

balsa

veerboot

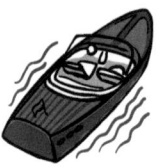

lancha

boot

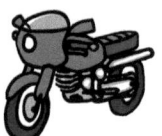

motocicleta

motorfiets

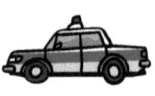

auto de policía

politiewagen

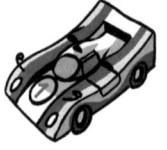

auto de carreras

raceauto

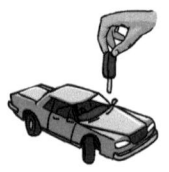

auto de alquiler

huurauto

alquiler de autos

carsharing

grúa

takelwagen

vehículo recolector de basura

vuilniswagen

motor

motor

gasolina

benzine

gasolinera

benzinepomp

señal de tráfico

verkeersbord

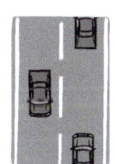

tránsito

verkeer

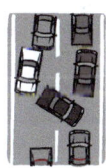

atasco

file

estacionamiento

parkeerplaats

estación de tren

station

carril

rails

tren

trein

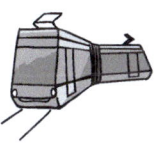

tranvía

tram

vagón

wagon

helicóptero
helikopter

aeropuerto
luchthaven

torre
toren

pasajero
passagier

contenedor
container

caja de cartón
verhuisdoos

carro
kar

cesta
mand

despegar / aterrizar
opstijgen / landen

ciudad
stad

aldea
dorp

centro de la ciudad
stadscentrum

casa
huis

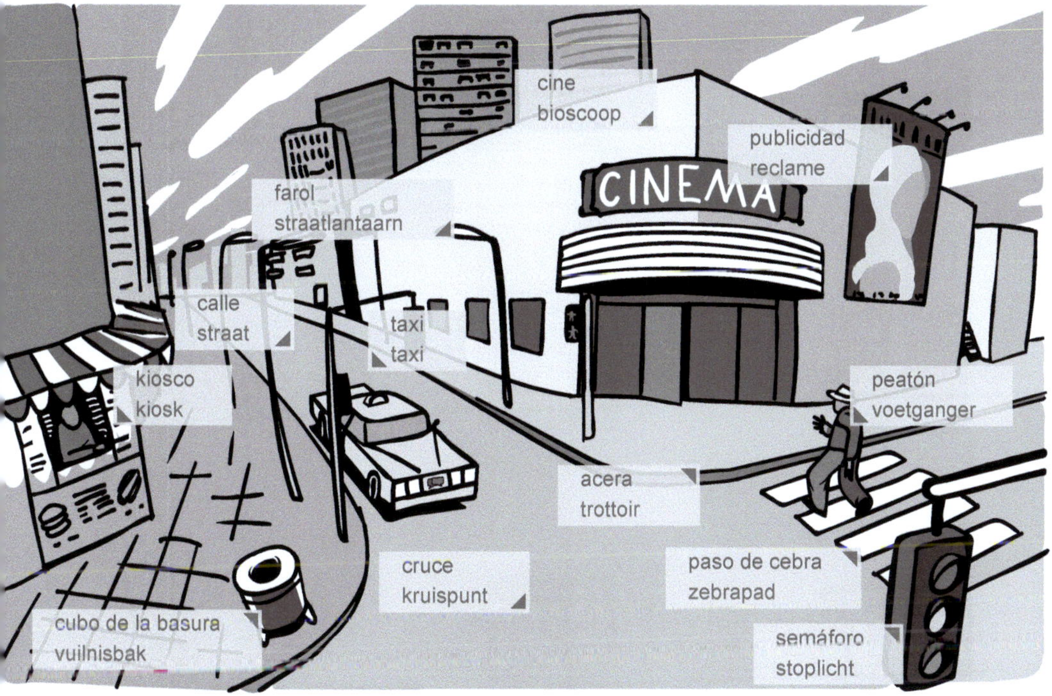
cine
bioscoop
publicidad
reclame
CINEMA
farol
straatlantaarn
calle
straat
taxi
taxi
kiosco
kiosk
peatón
voetganger
acera
trottoir
cruce
kruispunt
paso de cebra
zebrapad
cubo de la basura
vuilnisbak
semáforo
stoplicht

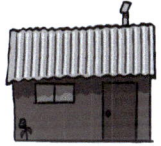

cabaña

hut

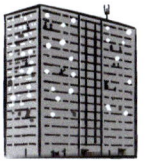

apartamento

appartement

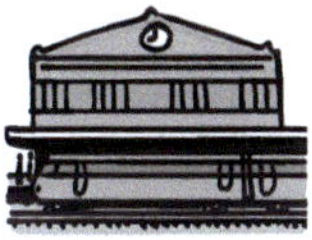

estación de tren

station

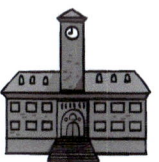

ayuntamiento

stadhuis

MUSEUM

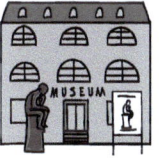

museo

museum

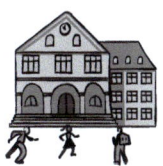

escuela

school

universidad

universiteit

banco

bank

hospital

ziekenhuis

hotel

hotel

farmacia

apotheek

oficina

kantoor

librería

boekenwinkel

negocio

winkel

florería

bloemenwinkel

supermercado

supermarkt

mercado

markt

grandes almacenes

warenhuis

pescadería

visboer

centro comercial

winkelcentrum

puerto

haven

parque
park

banco
bank

puente
brug

escalera
trap

metro
metro

túnel
tunnel

parada de autobuses
bushalte

bar
bar

restaurante
restaurant

buzón de correo
brievenbus

letrero
straatnaambord

parquímetro
parkeermeter

zoológico
dierentuin

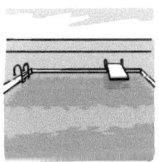

piscina
zwembad

mezquita
moskee

granja
boerderij

polución
vervuiling

cementerio
begraafplaats

iglesia
kerk

parque infantil
speelplaats

templo
tempel

paisaje
landschap

hoja
blad

indicador de camino
wegwijzer

sendero
weg

pradera
weide

piedra
steen

árbol
boom

caminante
wandelaar

río
rivier

pasto
gras

flor
bloem

valle
vallei

montaña
berg

lago
meer

bosque
bos

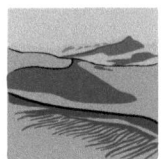

desierto
woestijn

volcán
vulkaan

castillo
kasteel

arco iris
regenboog

seta
paddenstoel

palmera
palmboom

mosquito
mug

mosca
vlieg

hormiga
mier

abeja
bij

araña
spin

escarabajo

kever

rana

kikker

ardilla

eekhoorn

erizo

egel

liebre

haas

lechuza

uil

pájaro

vogel

cisne

zwaan

jabalí

wild zwijn

ciervo

hert

alce

eland

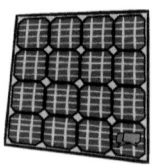

embalse

stuwdam

aerogenerador

windmolen

módulo solar

zonnepaneel

clima

klimaat

restaurante
restaurant

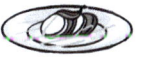

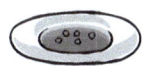

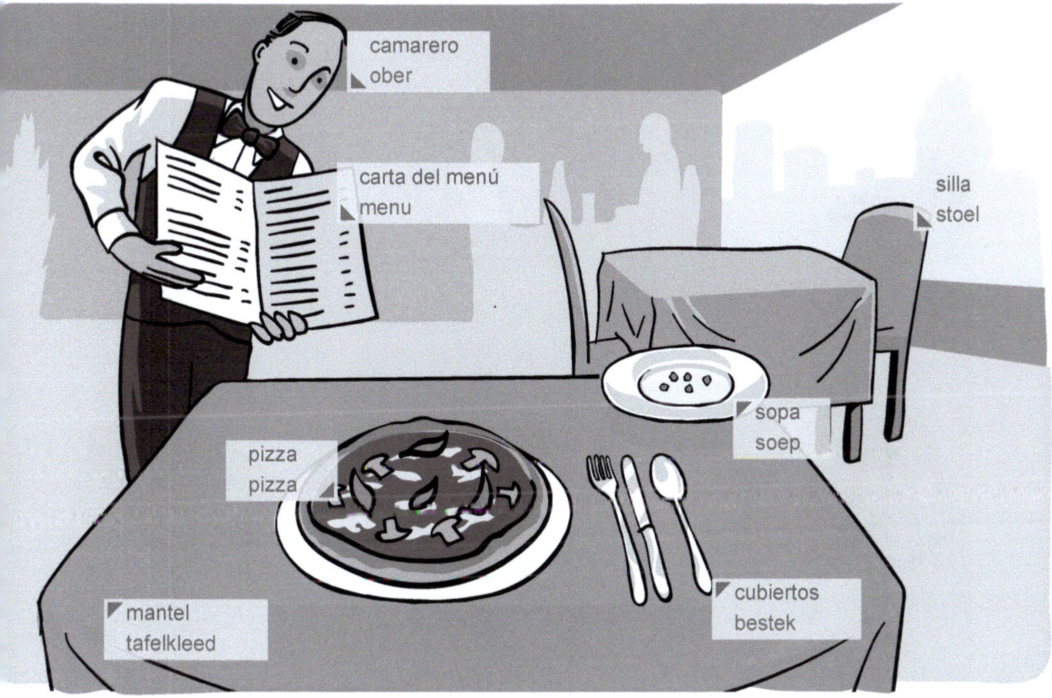
camarero
ober
carta del menú
menu
silla
stoel
sopa
soep
pizza
pizza
cubiertos
bestek
mantel
tafelkleed

entrada

voorgerecht

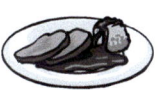

plato principal

hoofdgerecht

postre

toetje

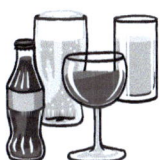

bebida

dranken

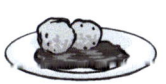

comida

eten

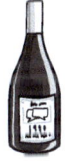

botella

fles

comida rápida

fastfood

comida callejera

eetkraampje

tetera

theepot

azucarera

suikerpot

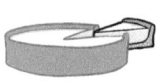

porción

portie

máquina de espresso

espressomachine

silla alta

kinderstoel

factura

rekening

bandeja

dienblad

cuchillo

mes

tenedor

vork

cuchara

lepel

cuchara de té

theelepel

servilleta

servet

vaso

glas

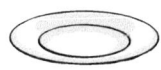

plato
bord

plato de sopa
soepbord

platillo
schotel

salsa
saus

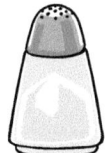

salero
zoutvaatje

molinillo para pimienta
pepermolen

vinagre
azijn

aceite
olie

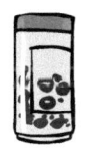

especias
kruiden

ketchup
ketchup

mostaza
mosterd

mayonesa
mayonaise

supermercado
supermarkt

oferta
aanbieding
FOR
cliente
klant
productos lácteos
zuivelproducten
fruta
fruit
carrito de compras
winkelwagen

BUTCHERS

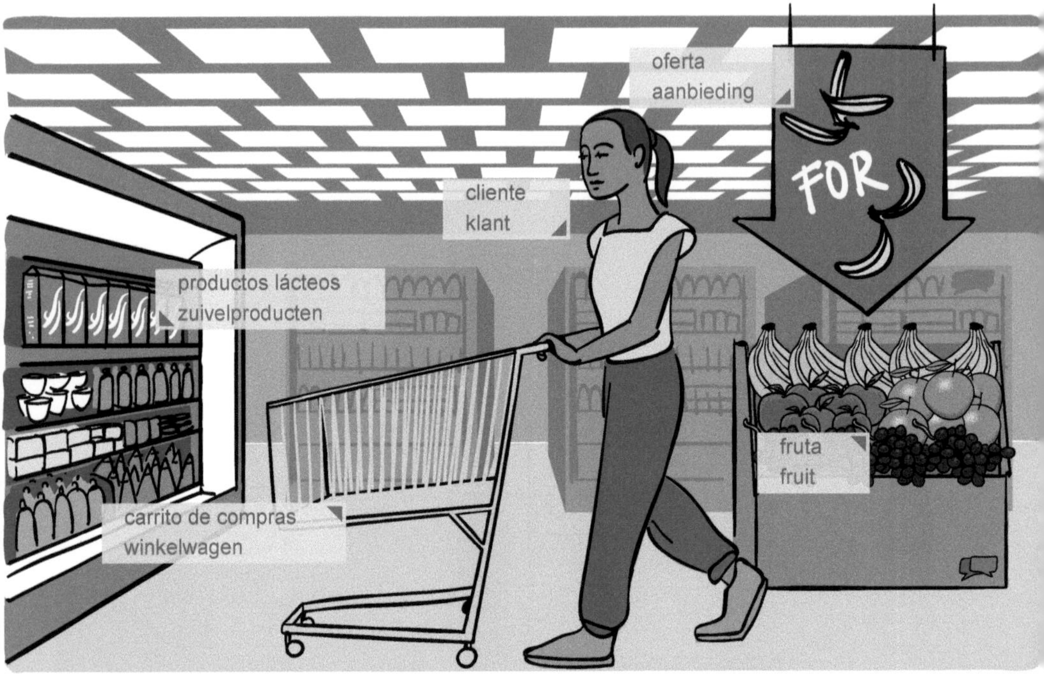

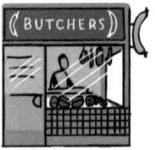

carnicería

slager

BAKERY

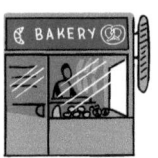

panadería

bakkerij

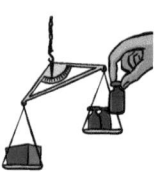

pesar

wegen

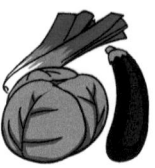

verdura

groente

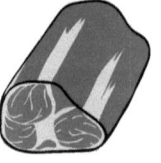

carne

vlees

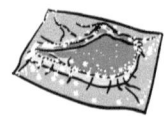

alimentos congelados

diepvriesproducten

fiambre

vleeswaren

conservas

conserven

detergente en polvo

wasmiddel

dulces

snoepgoed

artículos domésticos

huishoudelijke artikelen

productos de limpieza

schoonmaakmiddel

vendedora

verkoopster

caja

kassa

cajero

kassier

lista de compras

boodschappenlijstje

horario de atención

openingstijden

cartera

portefeuille

tarjeta de crédito

creditkaart

maleta

tas

bolsa plástica

plastic zak

agua

water

jugo

sap

leche

melk

refresco de cola

cola

vino

wijn

cerveza

bier

alcohol

alcohol

cacao

chocolademelk

té

thee

café

koffie

espresso

espresso

cappuccino

cappuccino

banana

banaan

manzana

appel

naranja

sinaasappel

sandía

watermeloen

limón

citroen

zanahoria

wortel

ajo

knoflook

bambú

bamboe

cebolla

ui

seta

paddenstoel

nueces

noten

fideos

pasta

espagueti

spaghetti

arroz

rijst

ensalada

salade

patatas fritas

friet

patatas salteadas

gebakken aardappelen

pizza

pizza

hamburguesa

hamburger

sándwich

sandwich

escalope

schnitzel

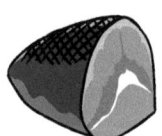

jamón

ham

salame

salami

embutido

worst

pollo

kip

asado

gebraad

pescado

vis

copos de avena

havermout

musli

muesli

copos de maíz tostado

cornflakes

harina

meel

croissant

croissant

panecillo

broodjes

pan

brood

tostada

toast

galletas

koekjes

mantequilla

boter

cuajada

kwark

pastel

taart

huevo

ci

huevo frito

gebakken ei

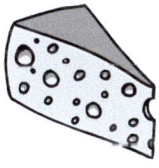

queso

kaas

helado

ijs

azúcar

suiker

miel

honing

mermelada

jam

praliné

chocoladepasta

curry

kerrie

granja
boerderij

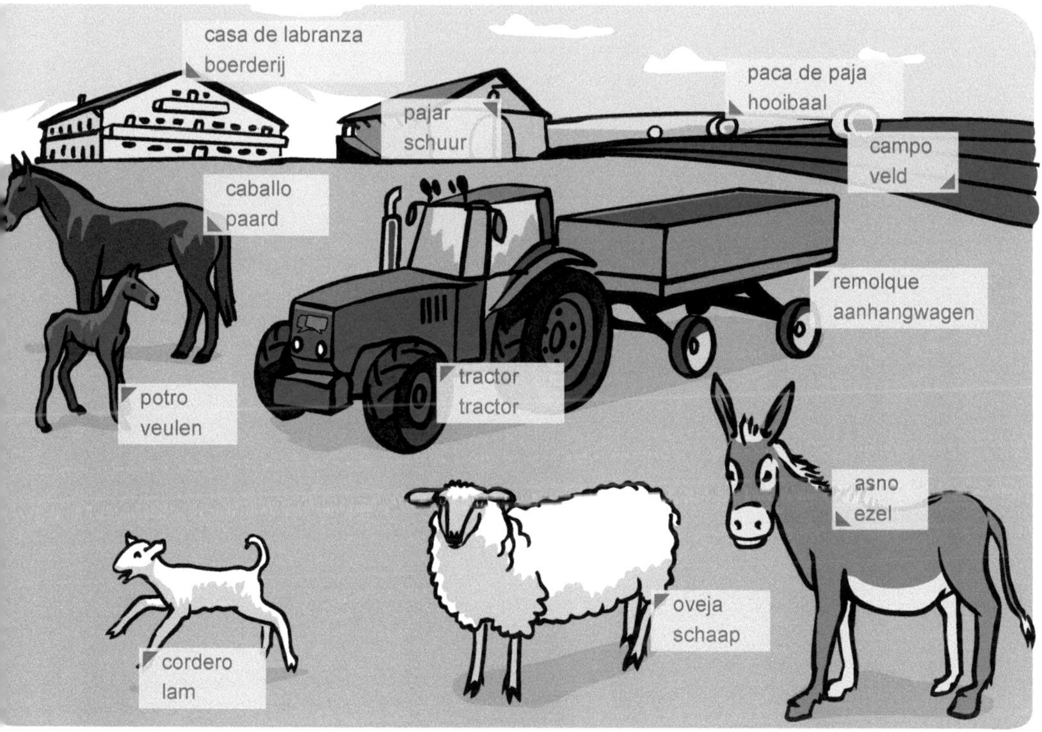
casa de labranza
boerderij
pajar
schuur
paca de paja
hooibaal
campo
veld
caballo
paard
remolque
aanhangwagen
tractor
tractor
potro
veulen
asno
ezel
oveja
schaap
cordero
lam

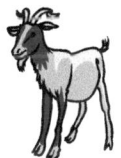

cabra
geit

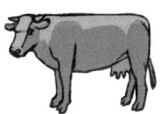

vaca
koe

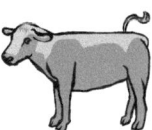

ternero
kalf

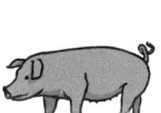

cerdo
varken

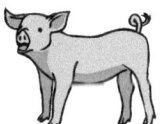

lechón
big

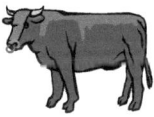

toro
stier

ganso
gans

pato
eend

polluelo
kuiken

pollo
kip

gallo
haan

rata
rat

gato
kat

ratón
muis

buey
os

perro
hond

caseta del perro
hondenhok

manguera de riego
tuinslang

regadera
gieter

guadaña
zeis

arado
ploeg

hoz

sikkel

azada

schoffel

bieldo

hooivork

hacha

bijl

carretilla

kruiwagen

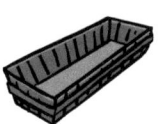

abrevadero

trog

lechera

melkbus

saco

zak

cerca

hek

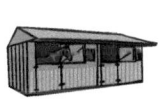

establo

stal

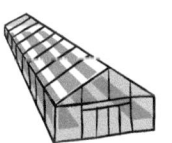

invernadero

broeikas

suelo

grond

semilla

zaad

fertilizante

mest

cosechadora

maaidorser

cosechar
oogsten

cosecha
oogst

raíz de ñame
yam

trigo
tarwe

soja
soja

patata
aardappel

maíz
maïs

colza
koolzaad

Árbol frutal
fruitboom

mandioca
maniok

cereales
granen

casa
huis

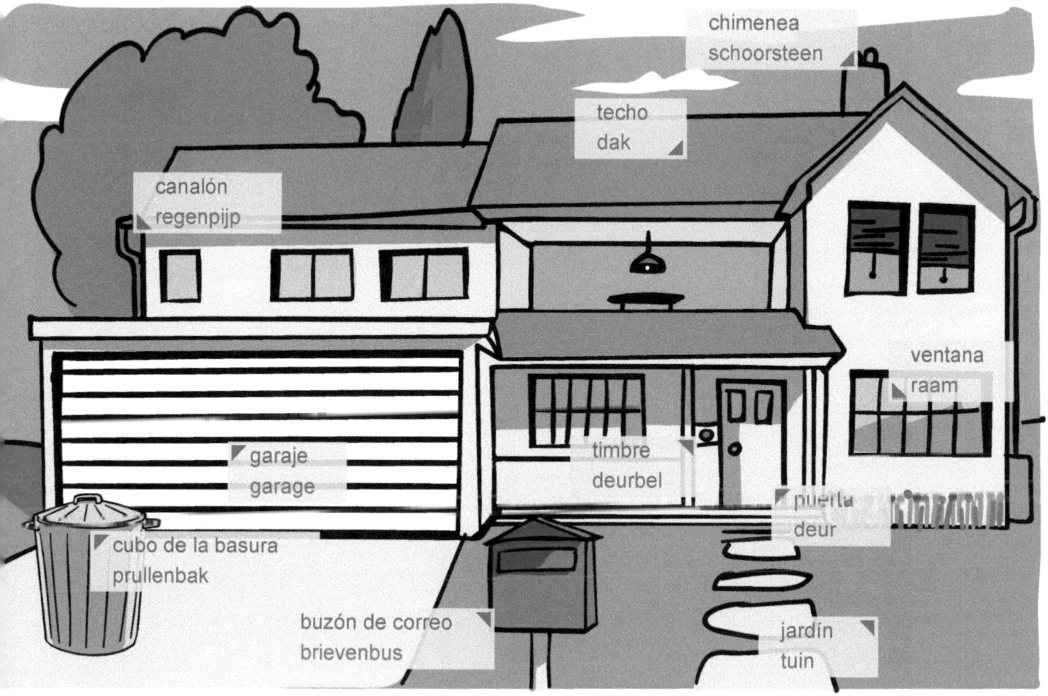
chimenea
schoorsteen
techo
dak
canalón
regenpijp
ventana
raam
garaje
garage
timbre
deurbel
puerta
deur
cubo de la basura
prullenbak
buzón de correo
brievenbus
jardín
tuin

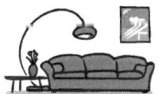

cuarto de estar

woonkamer

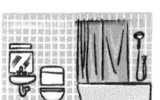

cuarto de baño

badkamer

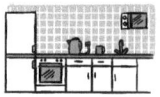

cocina

keuken

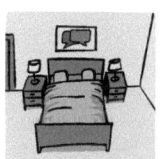

dormitorio

slaapkamer

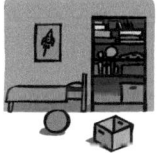

cuarto de los niños

kinderkamer

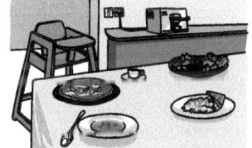

comedor

eetkamer

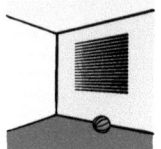

piso
vloer

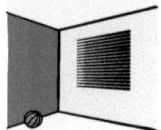

pared
muur

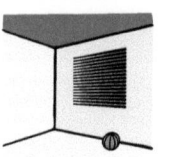

cielorraso
plafond

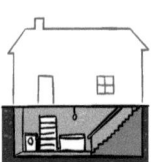

sótano
kelder

sauna
sauna

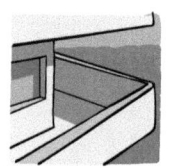

balcón
balkon

terraza
terras

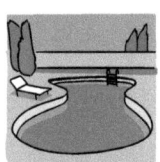

piscina
zwembad

cortacésped
grasmaaier

funda nórdica
laken

edredón
bedsprei

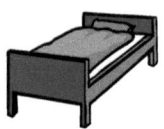

cama
bed

escoba
bezem

cubo
emmer

interruptor
schakelaar

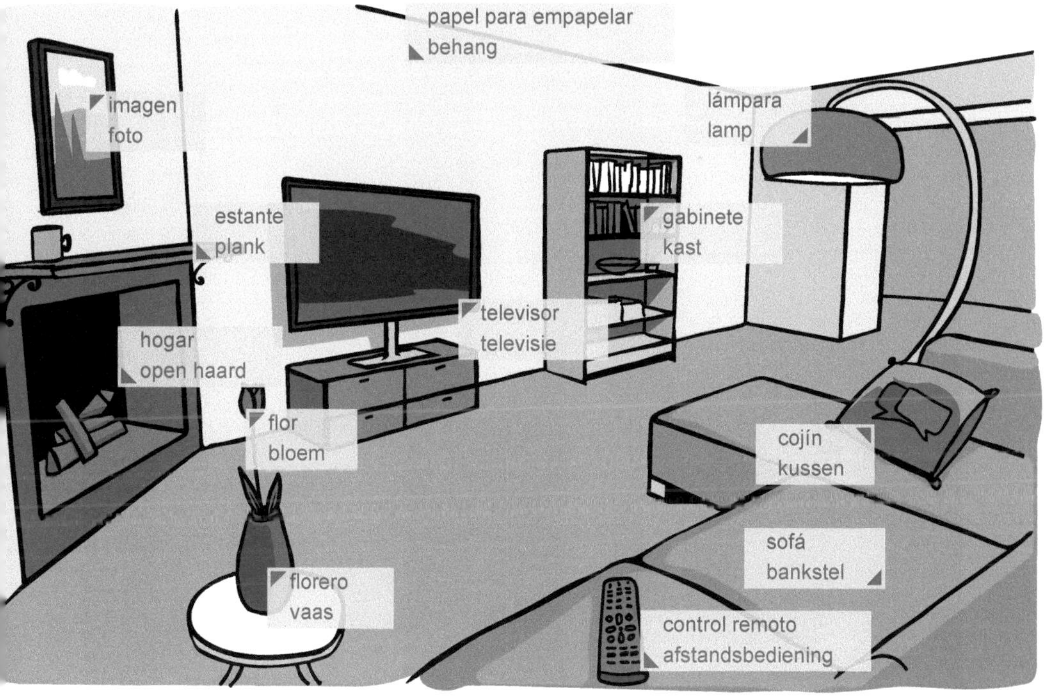

papel para empapelar
behang

imagen
foto

lámpara
lamp

estante
plank

gabinete
kast

televisor
televisie

hogar
open haard

flor
bloem

cojín
kussen

sofá
bankstel

florero
vaas

control remoto
afstandsbediening

alfombra
tapijt

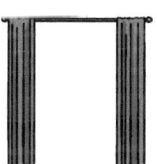

cortina
gordijn

mesa
tafel

silla
stoel

mecedora
schommelstoel

sillón
stoel

libro
boek

frazada
deken

decoración
decoratie

leña
brandhout

film
film

equipo estereofónico
stereo-installatie

llave
sleutel

periódico
krant

cuadro
schilderij

póster
poster

radio
radio

bloc de notas
kladblok

aspiradora
stofzuiger

cactus
cactus

vela
kaars

cocina
keuken

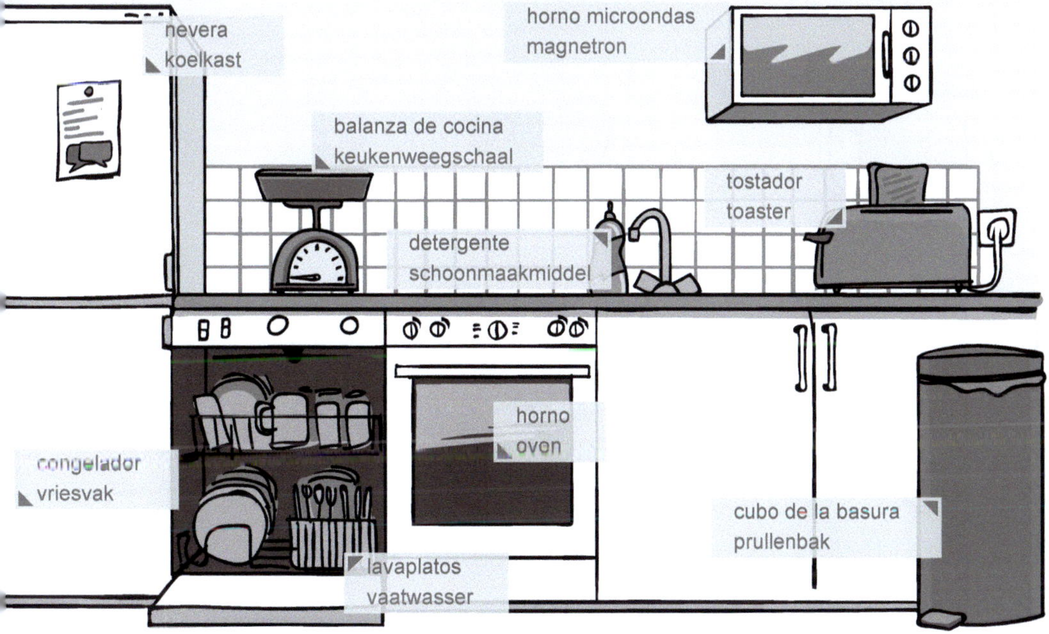

nevera
koelkast
horno microondas
magnetron
balanza de cocina
keukenweegschaal
tostador
toaster
detergente
schoonmaakmiddel
horno
oven
congelador
vriesvak
cubo de la basura
prullenbak
lavaplatos
vaatwasser

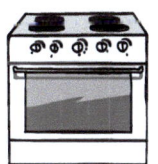

cocina

fornuis

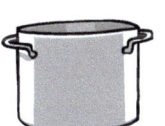

olla

pan

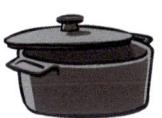

olla de fundición de hierro

gietijzeren pan

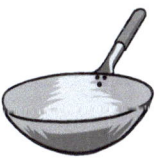

wok / kadai

wok / kadai

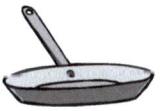

sartén

koekenpan

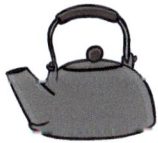

hervidor de agua

ketel

olla de vapor

stoomkoker

bandeja de horno

bakplaat

vajilla

servies

vaso

beker

bol

kom

palillos para comer

eetstokjes

cucharón de sopa

soeplepel

espátula

spatel

batidor

garde

colador

vergiet

cedazo

zeef

rallador

rasp

mortero

vijzel

parrillada

barbecue

fogata

vuurhaard

tabla de picar

snijplank

rodillo

deegroller

sacacorchos

kurkentrekker

lata

blik

abrelatas

blikopener

agarrador

pannenlap

fregadero

wasbak

cepillo

borstel

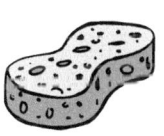

esponja

spons

batidora

blender

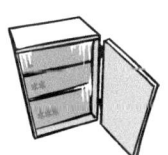

arcón congelador

vriezer

biberón

babyflesje

grifo

kraan

cuarto de baño
badkamer

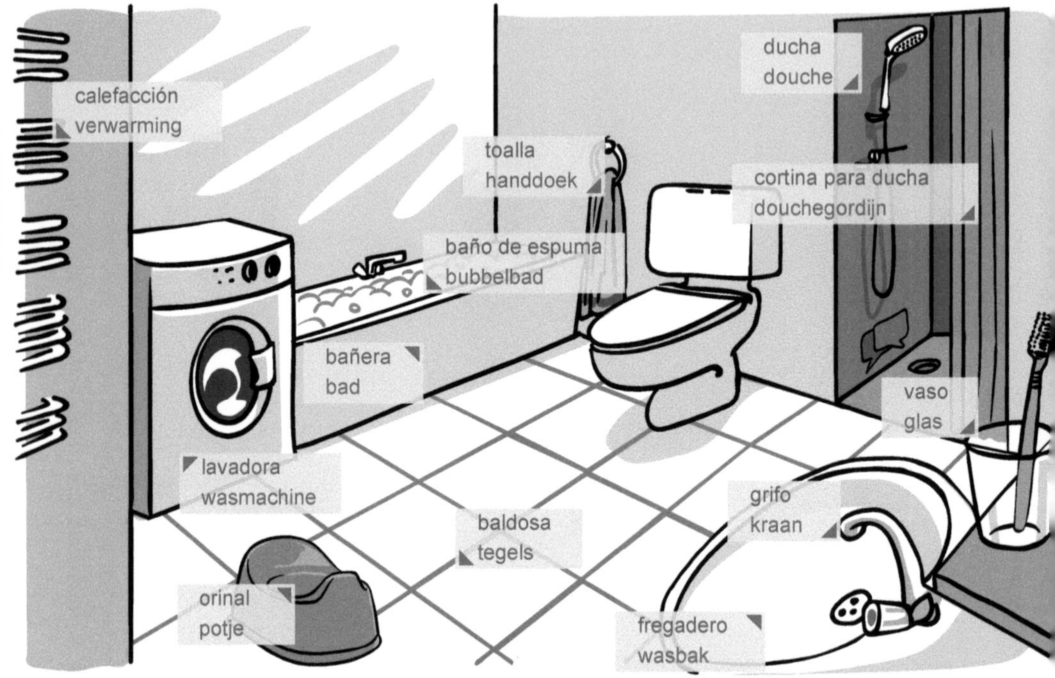

ducha
douche
calefacción
verwarming
toalla
handdoek
cortina para ducha
douchegordijn
baño de espuma
bubbelbad
bañera
bad
vaso
glas
lavadora
wasmachine
grifo
kraan
baldosa
tegels
orinal
potje
fregadero
wasbak

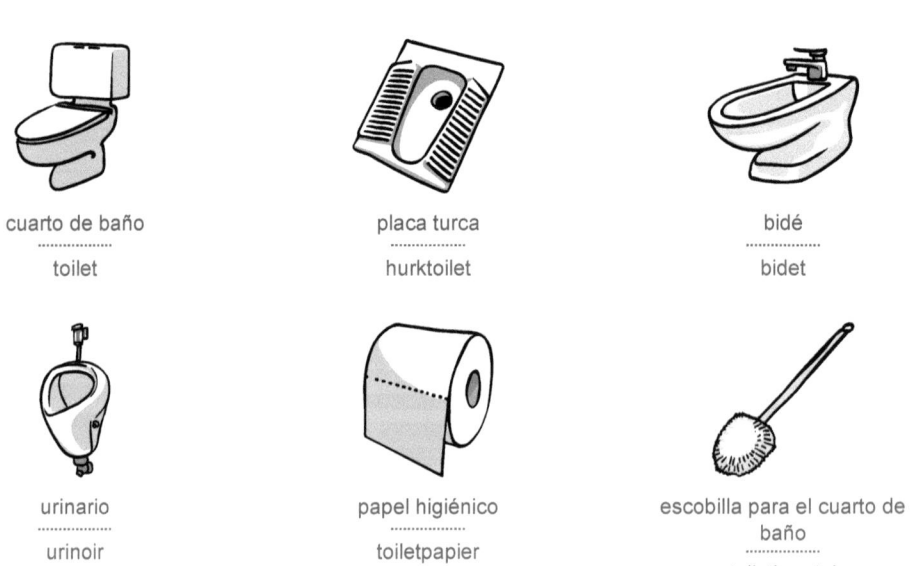

cuarto de baño

toilet

placa turca

hurktoilet

bidé

bidet

urinario

urinoir

papel higiénico

toiletpapier

escobilla para el cuarto de baño

toiletborstel

cepillo de dientes

tandenborstel

pasta dentífrica

tandpasta

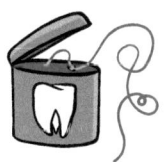

seda dental

flosdraad

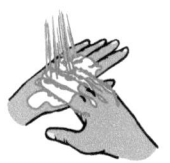

lavar

wassen

ducha teléfono

handdouche

ducha higiénica

toiletdouche

cuenco

waskom

cepillo para la espalda

rugborstel

jabón

zeep

gel de ducha

douchegel

champú

shampoo

manopla para baño

washanje

desagüe

afvoer

crema

creme

desodorante

deodorant

espejo

spiegel

espejo de maquillaje

make-upspiegel

máquina de afeitar

scheermes

espuma de afeitar

scheerschuim

loción para después del afeitado

aftershave

peine

kam

cepillo

borstel

secador para cabello

haardroger

laca de peinado

haarspray

maquillaje

make-up

lápiz labial

lippenstift

laca para uñas

nagellak

algodón

watten

tijera para uñas

nagelschaartje

perfume

parfum

neceser

toilettas

taburete

kruk

balanza

weegschaal

bata de baño

badjas

guantes de goma

rubber handschoenen

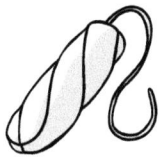

tampón

tampon

compresa

maandverband

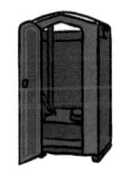

wáter químico

chemisch toilet

cuarto de los niños

kinderkamer

despertador
wekker
animal de peluche
knuffeldier
auto de juguete
speelgoedauto
sonajero
rammelaar
casa de muñecas
poppenhuis
obsequio
cadeau

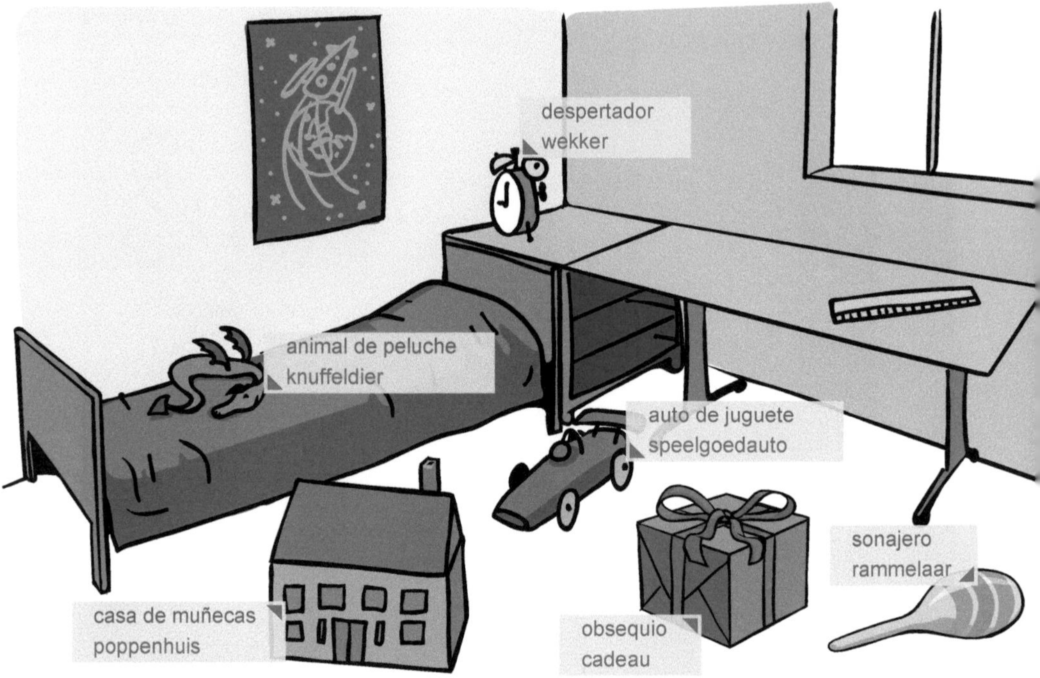

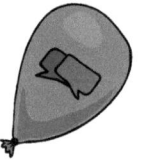

globo

ballon

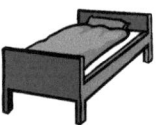

cama

bed

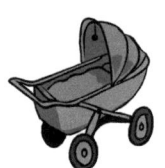

cochecito para niños

kinderwagen

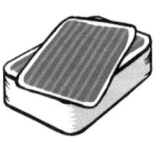

juego de barajas

kaartspel

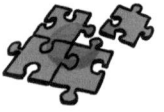

rompecabezas

puzzel

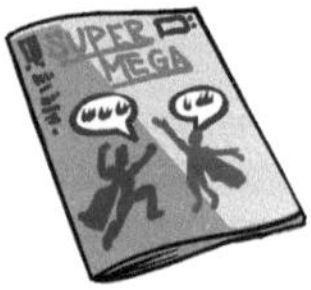

cómic

stripverhaal

piezas de Lego

legostenen

bloques para jugar

speelgoedblokken

figura de acción

actiefiguurtje

pijama de una pieza

romper

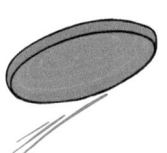

frisbee

frisbee

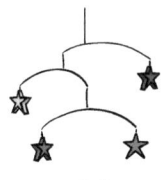

móvil

mobile

juego de mesa

bordspel

dado

dobbelsteen

tren eléctrico a escala

modeltrein

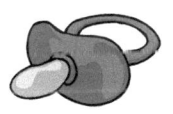

chupete

speen

fiesta

feestje

libro de dibujos

prentenboek

pelota

bal

títere

pop

jugar

spelen

arenero

zandbak

columpio

schommel

juguetes

speelgoed

consola de videojuego

spelcomputer

triciclo

driewieler

osito de peluche

teddybeer

guardarropa

kleerkast

vestimenta
kleding

calcetines

sokken

medias

kousen

panti

panty

chal
sjaal

paraguas
paraplu

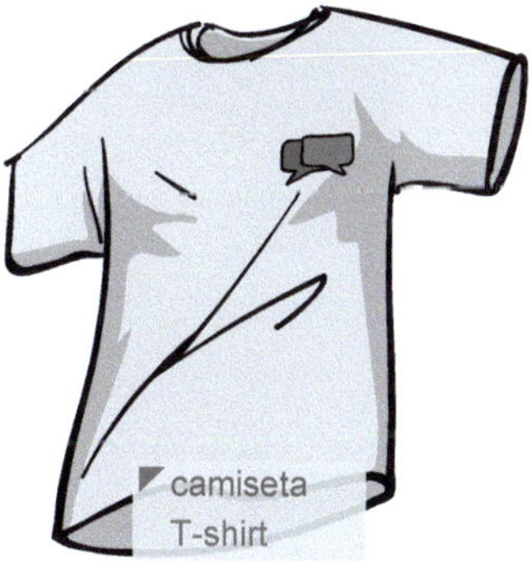

cinturón
riem

camiseta
T-shirt

botas
laarzen

zapatilla
pantoffels

deportivas
sportschoenen

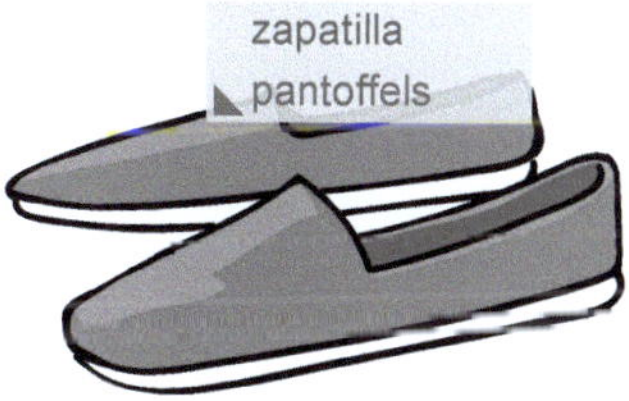

sandalias
sandalen

zapatos
schoenen

botas de goma
rubberlaarzen

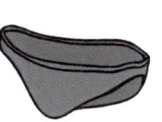
ropa interior
onderbroek

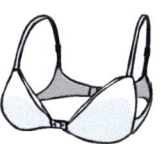
corpiño
beha

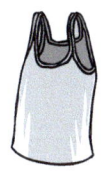
camiseta
onderhemd

body
body

pantalón
broek

jeans
spijkerbroek

falda
rok

blusa
blouse

camisa
overhemd

pullover
trui

sweater
hoody

blazer
blazer

chaqueta
jas

abrigo
mantel

impermeable
regenjas

traje chaqueta
kostuum

vestido
jurk

vestido de bodas
trouwjurk

traje
pak

camisón
nachthemd

pijama
pyjama

sari
sari

pañuelo de cabeza
hoofddoek

turbante
tulband

burka
boerka

caftán
kaftan

abaya
abaja

traje de baño
zwempak

bañador
zwembroek

shorts
korte broek

chándal
trainingspak

delantal
schort

guante
handschoenen

botón
knoop

gafa
bril

brazalete
armband

cadena
ketting

anillo
ring

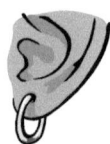

aro
oorbel

gorra
pet

percha
kledinghanger

sombrero
hoed

corbata
stropdas

cierre a cremallera
rits

casco
helm

tiradores
bretels

uniforme escolar
schooluniform

uniforme
uniform

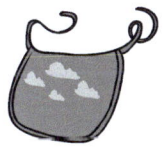

babero

slabbetje

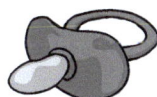

chupete

speen

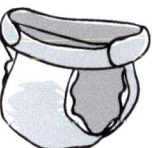

pañal

luier

oficina
kantoor

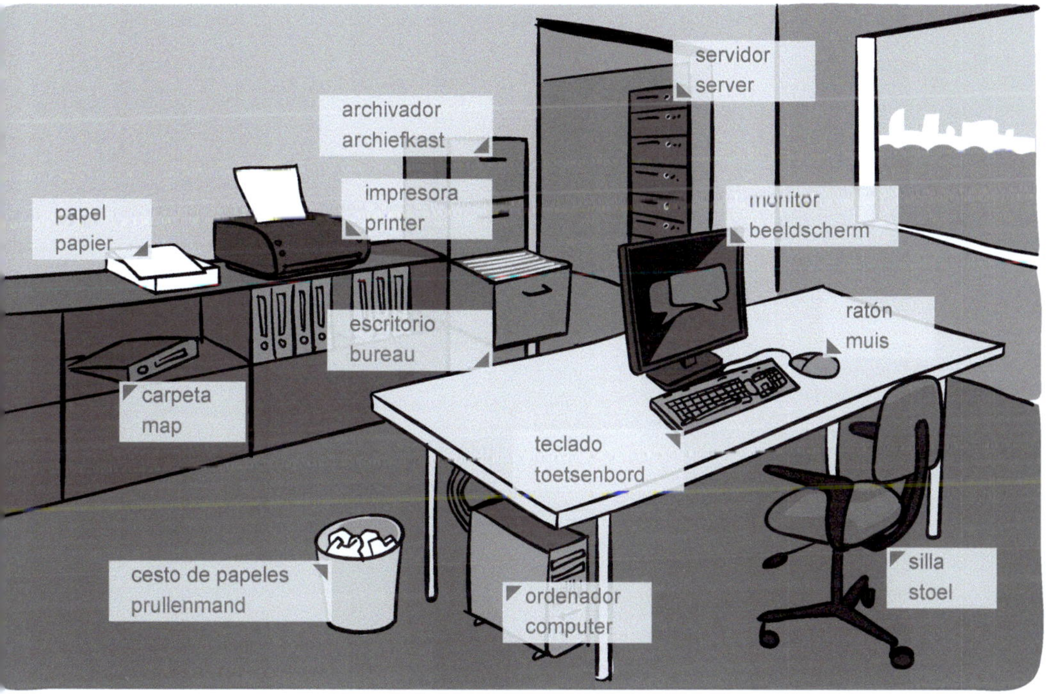
servidor
server
archivador
archiefkast
impresora
printer
monitor
beeldscherm
papel
papier
ratón
muis
escritorio
bureau
carpeta
map
teclado
toetsenbord
silla
stoel
cesto de papeles
prullenmand
ordenador
computer

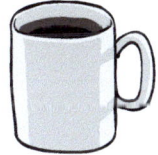

taza de café

koffiemok

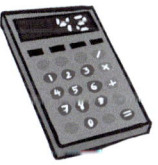

calculadora

rekenmachine

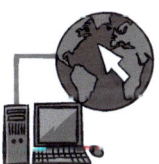

internet

internet

laptop
laptop

carta
brief

mensaje
bericht

teléfono móvil
mobiele telefoon

red
netwerk

fotocopiadora
kopieermachine

software
software

teléfono
telefoon

tomacorriente
stopcontact

máquina de fax
fax

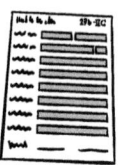

formulario
formulier

documento
document

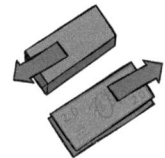

comprar
....
kopen

pagar
....
betalen

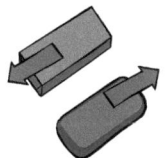

comerciar
....
handel drijven

dinero
....
geld

USD

dólar
....
dollar

EUR

euro
....
euro

JPY

yen
....
yen

RUB

rublo
....
roebel

CHF

franco
....
Zwitserse frank

CNY

renminbi
....
renminbi yuan

INR

rupia
....
roepie

cajero automático
....
geldautomaat

casa de cambio

wisselkantoor

oro

goud

plata

zilver

petróleo

olie

energía

energie

precio

prijs

contrato

contract

impuesto

belasting

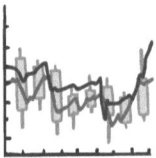

acción

aandeel

trabajar

werken

empleado

werknemer

empleador

werkgever

fábrica

fabriek

negocio

winkel

ocupaciones
beroepen

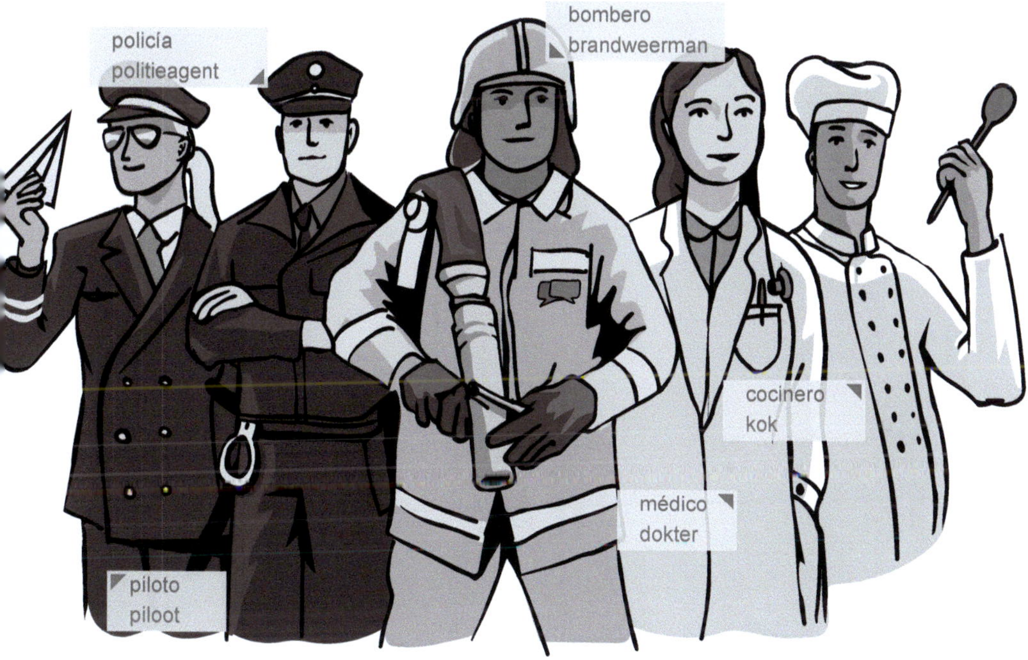
policía
politieagent
bombero
brandweerman
cocinero
kok
médico
dokter
piloto
piloot

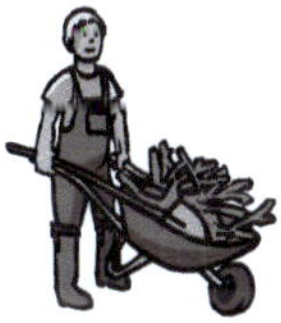

jardinero

tuinman

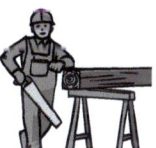

carpintero

timmerman

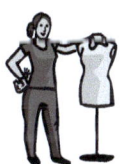

costurera

naaister

juez

rechter

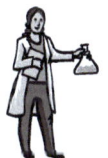

químico

scheikundige

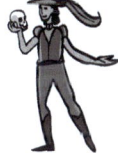

actor

toneelspeler

conductor de autobús

buschauffeur

taxista

taxichauffeur

pescador

visser

mujer de la limpieza

schoonmaakster

techista

dakdekker

camarero

ober

cazador

jager

pintor

schilder

panadero

bakker

electricista

elektricien

albañil

bouwvakker

ingeniero

ingenieur

carnicero

slager

fontanero

loodgieter

cartero

postbode

soldado
soldaat

arquitecto
architect

cajero
kassier

florista
bloemist

peluquero
kapper

cobrador
conducteur

mecánico
monteur

capitán
kapitein

odontólogo
tandarts

científico
wetenschapper

rabino
rabbi

imam
imam

monje
monnik

párroco
pastoor

herramientas
gereedschap

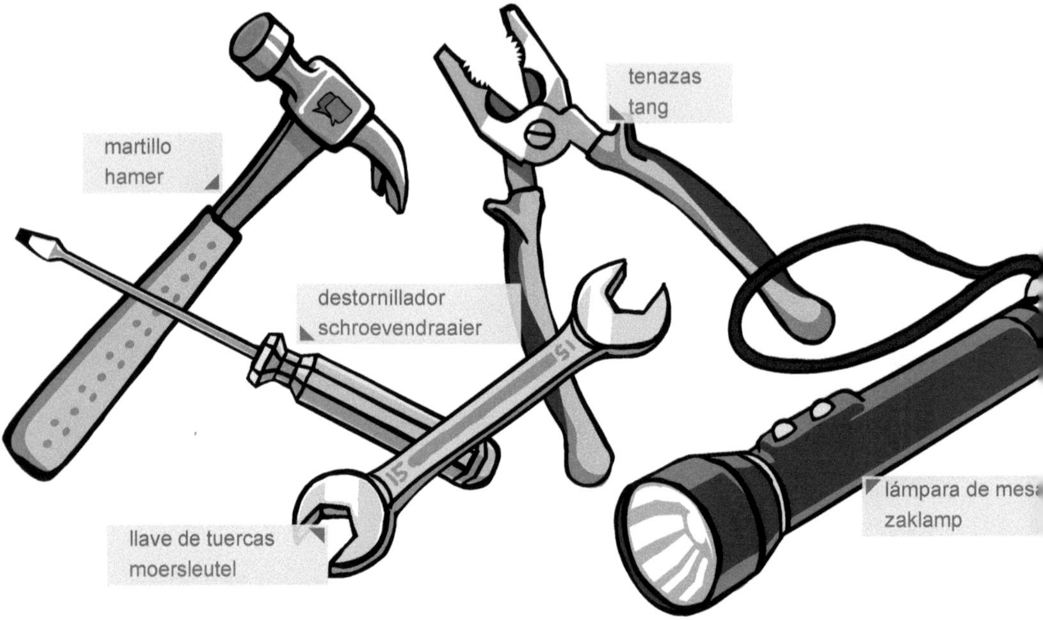
martillo
hamer
tenazas
tang
destornillador
schroevendraaier
llave de tuercas
moersleutel
lámpara de mes
zaklamp

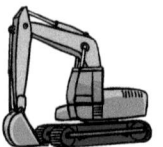

excavadora

graafmachine

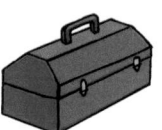

caja de herramientas

gereedschapskist

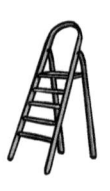

escalerilla

ladder

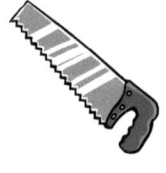

serrucho

zaag

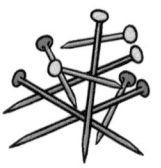

clavos

spijkers

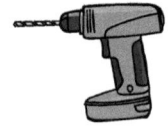

taladro

boor

reparar
repareren

pala
schep

¡Maldición!
Verdorie!

recogedor
stofblik

lata de pintura
verfpot

tornillos
schroeven

instrumentos musicales
muziekinstrumenten

batería
drumstel

altavoz
luidspreker

guitarra
gitaar

contrabajo
contrabas

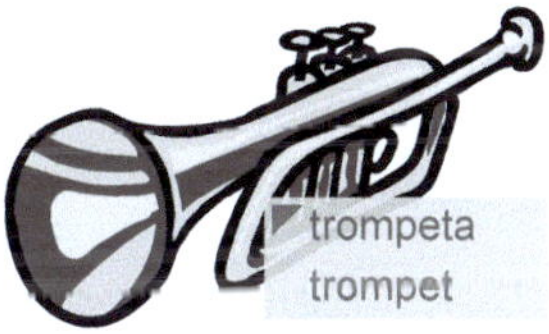

trompeta
trompet

piano
piano

violín
viool

bajo
bas

timbales
pauk

tambor
trommel

teclado
keyboard

saxofón
saxofoon

flauta
fluit

micrófono
microfoon

zoológico
dierentuin

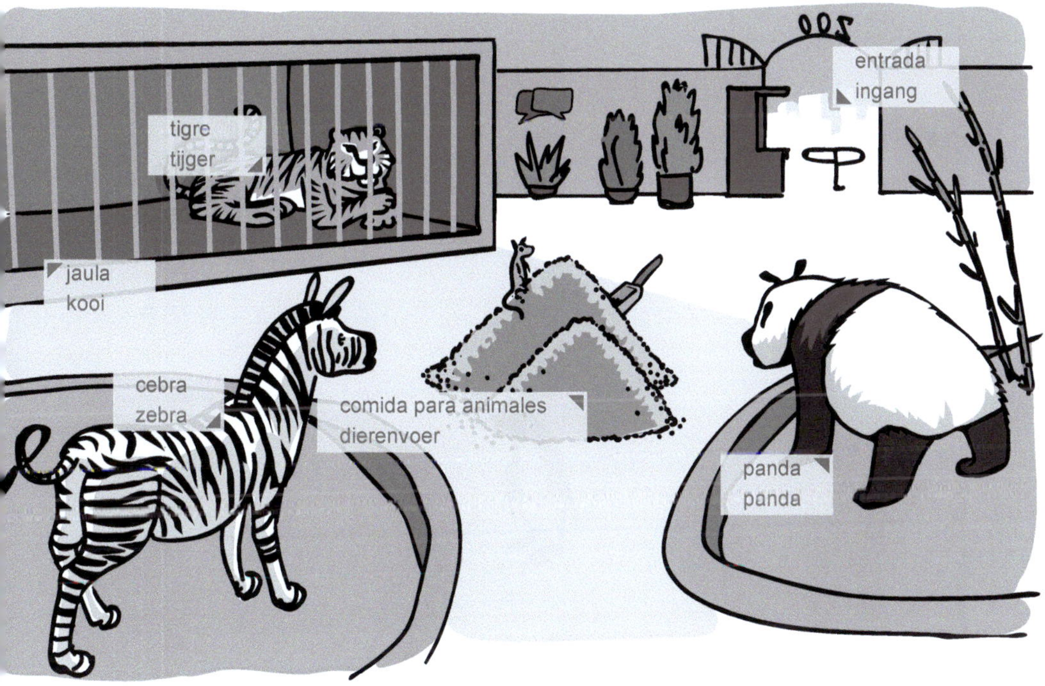

entrada
ingang
tigre
tijger
jaula
kooi
cebra
zebra
comida para animales
dierenvoer
panda
panda

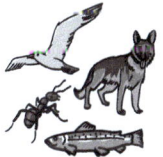

animales

dieren

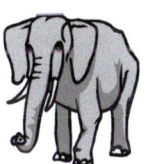

elefante

olifant

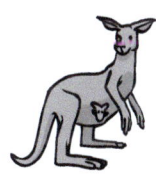

canguro

kangoeroe

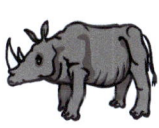

rinoceronte

neushoorn

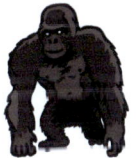

gorila

gorilla

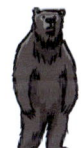

oso

beer

camello

kameel

avestruz

struisvogel

león

leeuw

mono

aap

flamengo

flamingo

papagayo

papegaai

oso polar

ijsbeer

pingüino

pinguïn

tiburón

haai

pavo real

pauw

serpiente

slang

cocodrilo

krokodil

cuidador del zoológico

dierenverzorger

foca

zeehond

jaguar

jaguar

pony
pony

leopardo
luipaard

hipopótamo
nijlpaard

jirafa
giraffe

águila
adelaar

jabalí
wild zwijn

pescado
vis

tortuga
schildpad

morsa
walrus

zorro
vos

gacela
gazelle

fútbol americano
American football

ciclismo
wielrennen

tenis
tennis

baloncesto
basketbal

natación
zwemmen

hockey sobre hielo
ijshockey

boxeo
boksen

fútbol
voetbal

badminton
badminton

atletismo
atletiek

balonmano
handbal

esquí
skiën

polo
polo

reír
lachen

saltar
springen

abrazar
knuffelen

caminar
lopen

cantar
zingen

soñar
dromen

rezar
bidden

besar
kussen

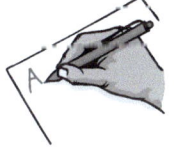

escribir
schrijven

dibujar
tekenen

mostrar
tonen

presionar
duwen

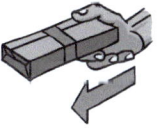

dar
geven

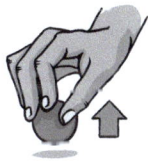

tomar
oppakken

tener

hebben

hacer

doen

ser

zijn

estar de pie

staan

correr

rennen

tirar

trekken

arrojar

gooien

caer

vallen

estar acostado

liggen

esperar

wachten

llevar

dragen

estar sentado

zitten

vestirse

aankleden

dormir

slapen

despertar

wakker worden

mirar
bekijken

llorar
huilen

acariciar
strelen

peinarse
kammen

conversar
praten

entender
begrijpen

preguntar
vragen

oír
horen

beber
drinken

comer
eten

asear
opruimen

amar
houden van

cocinar
koken

conducir
rijden

volar
vliegen

navegar

zeilen

calcular

rekenen

leer

lezen

aprender

leren

trabajar

werken

casarse

trouwen

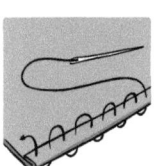

coser

naaien

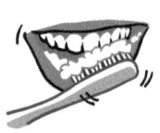

limpiarse los dientes

tandenpoetsen

matar

doden

fumar

roken

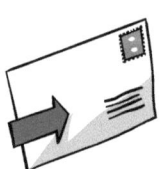

enviar

verzenden

abuela
grootmoeder

abuelo
grootvader

padre
vader

madre
moeder

bebé
baby

hija
dochter

hijo
zoon

invitado
gast

tía
tante

tío
oom

hermano
broer

hermana
zus

cuerpo
lichaam

frente
voorhoofd
ojo
oog
hombro
schouder
dedo
vinger
cara
gezicht
barbilla
kin
mano
hand
pierna
been
pecho
borst
brazo
arm

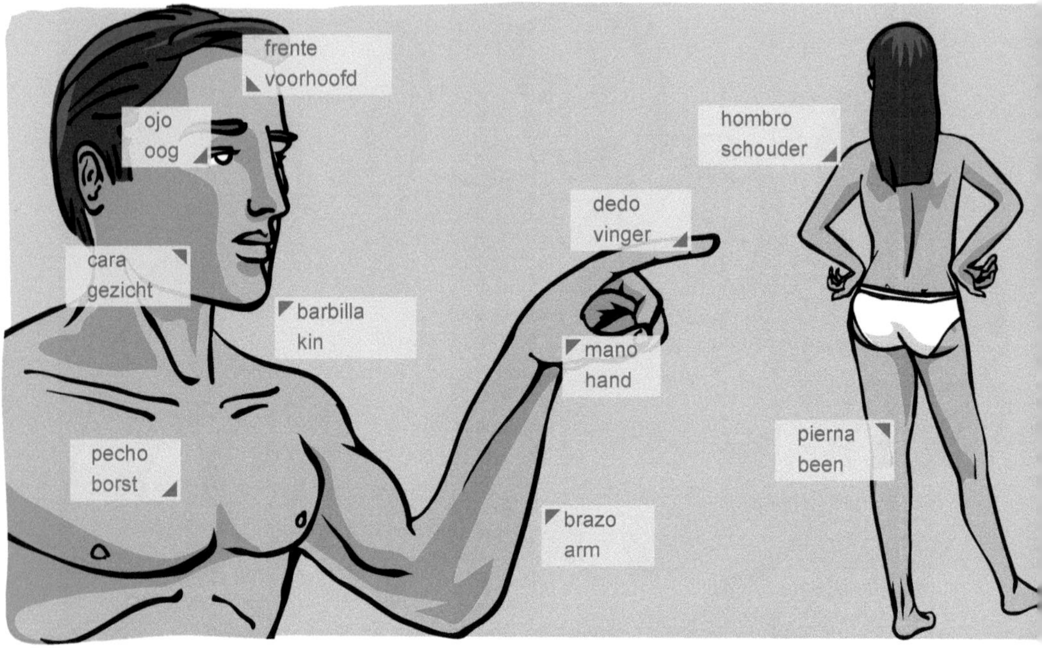

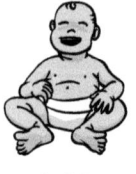

bebé
baby

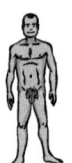

hombre
man

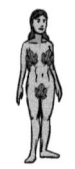

mujer
vrouw

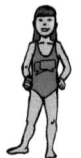

muchacha
meisje

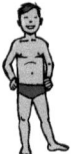

joven
jongen

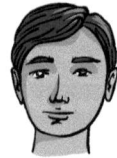

cabeza
hoofd

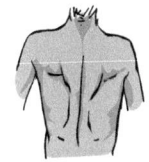

espalda

rug

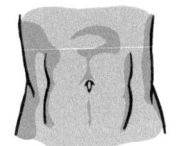

vientre

buik

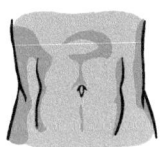

ombligo

navel

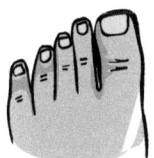

dedo del pie

teen

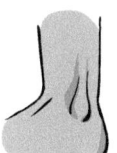

talón

hiel

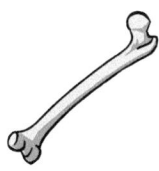

hueso

bot

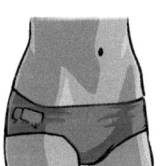

cadera

heup

rodilla

knie

codo

elleboog

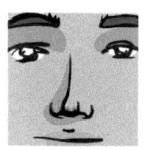

nariz

neus

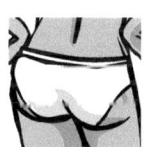

trasero

achterwerk

piel

huid

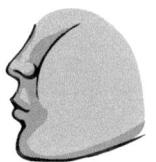

mejilla

wang

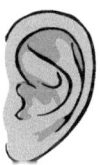

oreja

oor

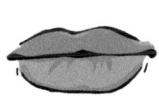

labio

lippen

boca

mond

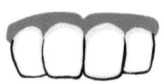

diente

tand

lengua

tong

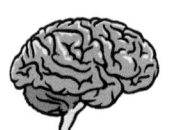

cerebro

hersenen

corazón

hart

músculo

spier

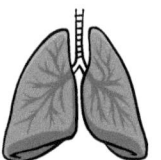

pulmón

long

hígado

lever

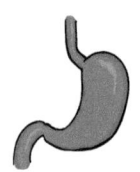

estómago

maag

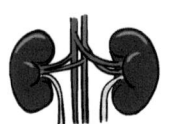

riñones

nieren

relación sexual

geslachtsgemeenschap

condón

condoom

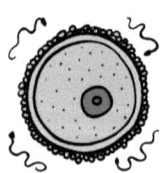

Óvulo

eicel

esperma

sperma

embarazo

zwangerschap

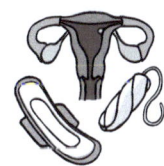

menstruación

menstruatie

vagina

vagina

pene

penis

ceja

wenkbrauw

cabello

haar

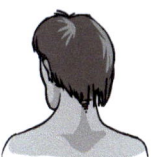

cuello

hals

hospital
ziekenhuis

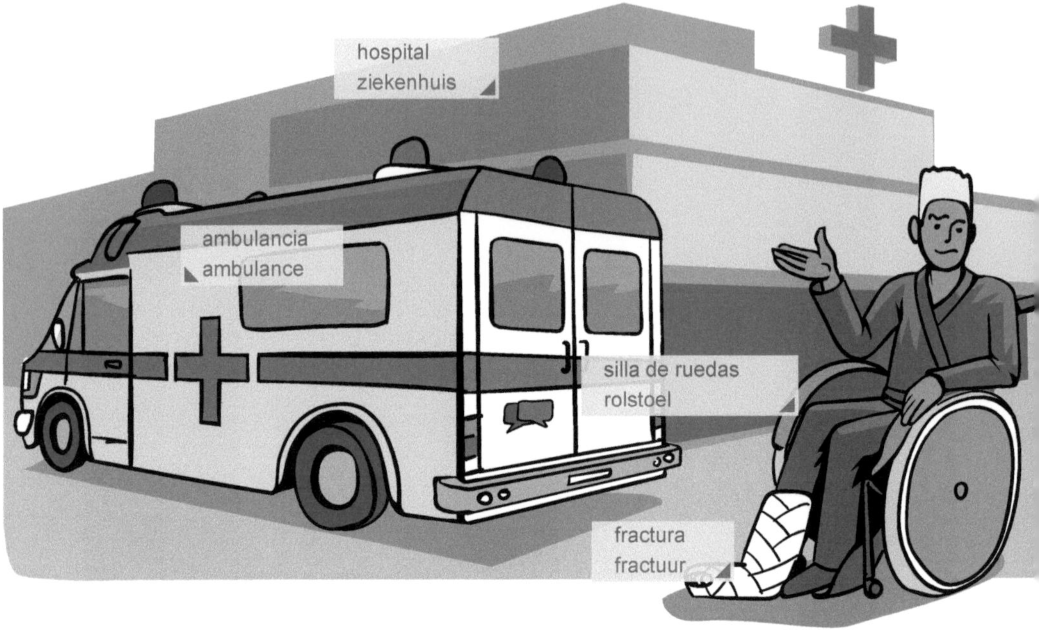

hospital
ziekenhuis
ambulancia
ambulance
silla de ruedas
rolstoel
fractura
fractuur

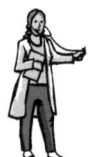

médico

dokter

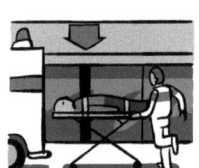

admisión de urgencia

EHBO

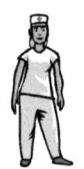

enfermera

verpleegster

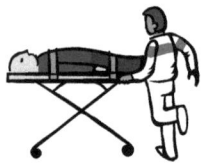

emergencia

noodgeval

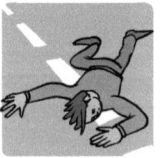

inconsciente

bewusteloos

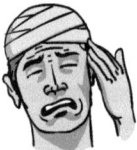

dolor

pijn

lesión
verwonding

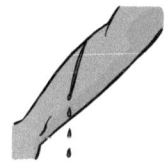

hemorragia
bloeding

infarto de miocardio
hartaanval

apoplejía cerebral
beroerte

alergia
allergie

tos
hoest

fiebre
koorts

gripe
griep

diarrea
diarree

dolor de cabeza
hoofdpijn

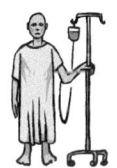

cáncer
kanker

diabetes
diabetes

cirujano
chirurg

escalpelo
scalpel

operación
operatie

TC
CT

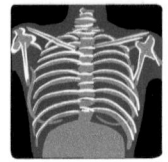

rayos X
röntgen

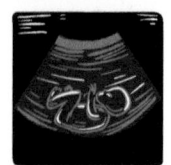

ultrasonido
echografie

máscara
gezichtsmasker

enfermedad
ziekte

sala de espera
wachtkamer

muleta
kruk

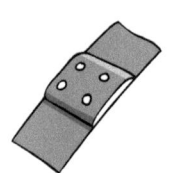

emplasto
pleister

vendaje
verband

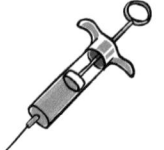

inyección
injectie

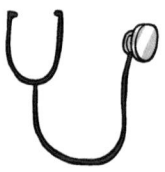

estetoscopio
stethoscoop

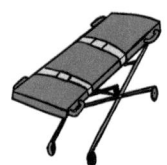

camilla
brancard

termómetro
thermometer

nacimiento
geboorte

sobrepeso
overgewicht

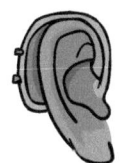

audífono
gehoorapparaat

desinfectante
ontsmettingsmiddel

infección
infectie

virus
virus

VIH / SIDA
HIV / AIDS

medicina
medicijn

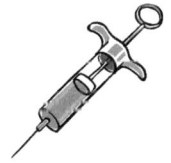

vacunación
inenting

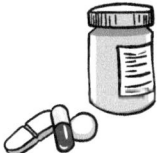

comprimido
tabletten

píldora anticonceptiva
pil

llamada de emergencia
alarmnummer

medidor de presión arterial
bloeddrukmeter

enfermo / saludable
ziek / gezond

¡Ayuda!

Help!

alarma

alarm

asalto

overval

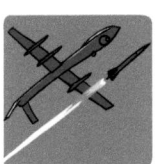

ataque

aanval

peligro

gevaar

salida de emergencia

nooduitgang

¡Fuego!

Brand!

extintor

brandblusser

accidente

ongeluk

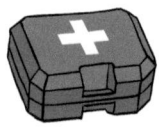

kit de primeros auxilios

EHBO-koffer

SOS

SOS

Policía

politie

Europa

Europa

América del Norte

Noord-Amerika

América del Sur

Zuid-Amerika

África

Afrika

Asia

Azië

Australia

Australië

Atlántico

Atlantische Oceaan

Pacífico

Stille Oceaan

Océano Índico

Indische Oceaan

Océano Antártico

Zuidelijke Oceaan

Océano Ártico

Noordelijke IJszee

Polo Norte

Noordpool

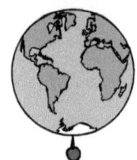

Polo Sur

Zuidpool

Antártida

Antarctica

Tierra

aarde

país

land

mar

zee

isla

eiland

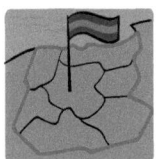

nación

natie

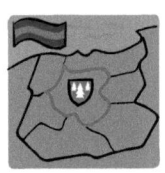

Estado

staat

cuadrante

wijzerplaat

horario

uurwijzer

minutero

minutenwijzer

segundero

secondewijzer

¿Qué hora es?

Hoe laat is het?

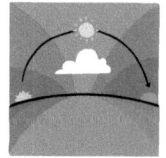

día

dag

tiempo

tijd

ahora

nu

reloj digital

digitaal horloge

minuto

minuut

hora

uur

semana
week

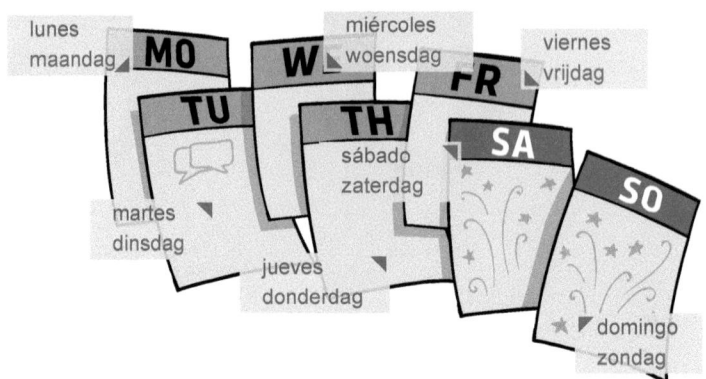

lunes
maandag

MO

TU

martes
dinsdag

W
miércoles
woensdag

TH

jueves
donderdag

sábado
zaterdag

FR
viernes
vrijdag

SA

SO

domingo
zondag

ayer
....
gisteren

hoy
....
vandaag

mañana
....
morgen

mañana
....
ochtend

mediodía
....
middag

tarde
....
avond

MO	TU	WE	TH	FR	SA	SU
1	2	3	4	5	6	7
8	9	10	11	12	13	14
15	16	17	18	19	20	21
22	23	24	25	26	27	28
29	30	31	1	2	3	4

jornada de trabajo
....
werkdagen

MO	TU	WE	TH	FR	SA	SU
1	2	3	4	5	6	7
8	9	10	11	12	13	14
15	16	17	18	19	20	21
22	23	24	25	26	27	28
29	30	31	1	2	3	4

fin de semana
....
weekend

año

jaar

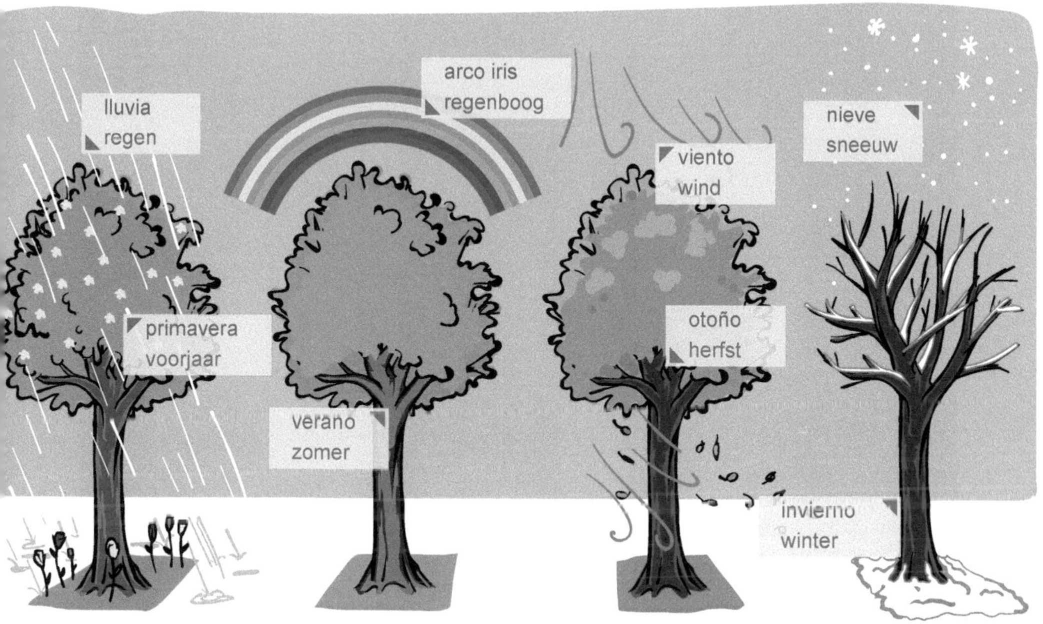

lluvia
regen
arco iris
regenboog
viento
wind
nieve
sneeuw
primavera
voorjaar
verano
zomer
otoño
herfst
invierno
winter

4.APRIL	11°	
5.APRIL	4°	
6.APRIL	13°	
7.APRIL	8°	
8.APRIL	10°	

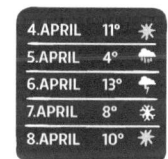

pronóstico meteorológico

weerbericht

F
C
120
90
60
30
0
-30
40
30
20
10
0
-10
-20

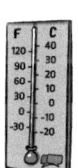

termómetro

thermometer

luz solar

zonneschijn

nube

wolk

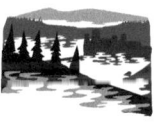

niebla

mist

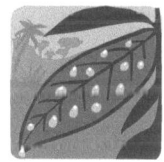

humedad ambiente

luchtvochtigheid

relámpago

bliksem

trueno

donder

tormenta

storm

granizo

hagel

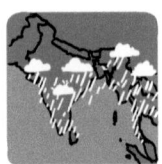

monzón

moesson

inundación

overstroming

hielo

ijs

enero

januari

febrero

februari

marzo

maart

abril

april

mayo

mei

junio

juni

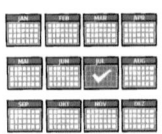

julio

juli

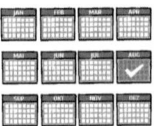

agosto

augustus

septiembre

september

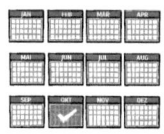

octubre

oktober

noviembre

november

diciembre

december

formas

vormen

círculo

cirkel

cuadrado

vierkant

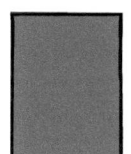

rectángulo

rechthoek

triángulo

driehoek

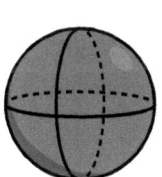

esfera

bol

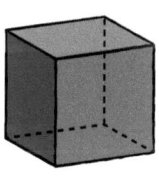

cubo

kubus

blanco
....
wit

amarillo
....
geel

anaranjado
....
oranje

rosa
....
roze

rojo
....
rood

lila
....
paars

azul
....
blauw

verde
....
groen

marrón
....
bruin

gris
....
grijs

negro
....
zwart

mucho / poco

veel / weinig

enojado / calmado

boos / rustig

bonito / feo

mooi / lelijk

comienzo / fin

begin / einde

grande / pequeño

groot / klein

claro / oscuro

licht / donker

hermano / hermana

broer / zus

limpio / sucio

schoon / vies

completo / incompleto

volledig / onvolledig

día / noche

dag/ nacht

muerto / vivo

dood / levend

ancho / angosto

breed / smal

disfrutable / no disfrutable

....

eetbaar / oneetbaar

malo / amigable

....

gemeen / aardig

excitado / aburrido

....

opgewonden / verveeld

gordo / delgado

....

dik / dun

primero / último

....

eerste / laatste

amigo / enemigo

....

vriend / vijand

lleno / vacío

....

vol / leeg

duro / suave

....

hard / zacht

pesado / liviano

....

zwaar / licht

hambre / sed

....

honger / dorst

enfermo / saludable

....

ziek / gezond

ilegal / legal

....

illegaal / legaal

inteligente / tonto

....

intelligent / dom

izquierda / derecha

....

links / rechts

cercano / lejano

....

dichtbij / ver

nuevo / usado
nieuw / gebruikt

nada / algo
niets / iets

viejo / joven
oud / jong

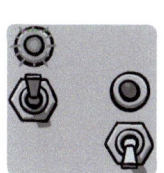

encendido / apagado
aan / uit

abierto / cerrado
open / gesloten

bajo / fuerte
zacht / luid

rico / pobre
rijk / arm

correcto / incorrecto
goed / fout

áspero / liso
ruw / glad

triste / alegre
verdrietig / gelukkig

breve / extenso
kort / lang

lento / veloz
langzaam / snel

mojado / seco
nat / droog

caliente / frío
warm / koel

guerra / paz
oorlog / vrede

números
getallen

0	**1**	**2**
cero	uno	dos
nul	één	twee

3	**4**	**5**
tres	cuatro	cinco
drie	vier	vijf

6	**7**	**8**
seis	siete	ocho
zes	zeven	acht

9	**10**	**11**
nueve	diez	once
negen	tien	elf

12

doce

twaalf

13

trece

dertien

14

catorce

veertien

15

quince

vijftien

16

dieciséis

zestien

17

diecisiete

zeventien

18

dieciocho

achttien

19

diecinueve

negentien

20

veinte

twintig

100

cien

honderd

1.000

mil

duizend

1.000.000

millón

miljoen

inglés
....
Engels

inglés estadounidense
....
Amerikaans Engels

chino mandarín
....
Chinees Mandarijn

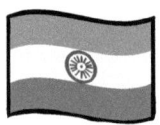

hindi
....
Hindi

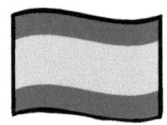

español
....
Spaans

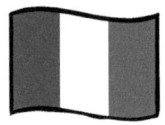

francés
....
Frans

árabe
....
Arabisch

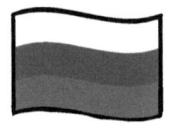

ruso
....
Russisch

portugués
....
Portugees

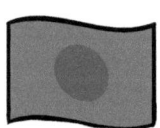

bengalí
....
Bengalees

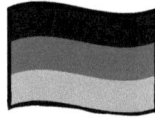

alemán
....
Duits

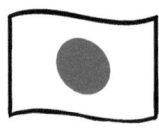

japonés
....
Japans

yo

ik

tú

jij

él / ella

hij / zij / het

nosotros

wij

vosotros

jullie

ellos

zij

¿quién?

wie?

¿qué?

wat?

¿cómo?

hoe?

¿dónde?

waar?

¿cuándo?

wanneer?

nombre

naam

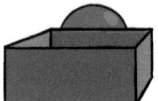

detrás

achter

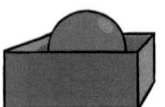

en

in

delante de

voor

encima de

boven

sobre

op

debajo de

onder

junto a

naast

entre

tussen

lugar

plaats